Género Ficción realista

I0901289

Pregunta esencial
¿Cómo expresas algo que es importante para ti?

Cada pintura cuenta una historia

Adrienne M. Frater
ilustrado por Claire Mumford

Capítulo 1
El paseo de la clase

—Antes de salir hoy, tengo dos anuncios importantes para hacer —dijo la señora Sánchez.

Una ola de entusiasmo atravesó la habitación, y los ojos de Irene brillaron mientras esperaba ansiosa lo que la maestra tenía que decirle a la clase.

—Este viernes saldremos a visitar una exposición de arte itinerante, así que por favor traigan estos permisos firmados mañana.

La mayoría de los estudiantes sonrieron mientras la señora Sánchez entregaba los papeles; sin embargo, algunos niños fruncieron el ceño porque no todos disfrutaban visitar galerías de arte.

Después de entregar los papeles, la señora Sánchez continuó:

—El segundo anuncio es que el último viernes de este mes vamos a celebrar el Día de los Abuelos.

En ese momento Irene dejó de sonreír para fruncir el ceño.

La señora Sánchez explicó que los estudiantes que no pudieran llevar a sus abuelos podían, en su lugar, llevar a uno de sus padres o a un amigo, pero Irene seguía alicaída. Solo uno de sus abuelos vivía, y Mormor, su abuela, vivía en una pequeña isla frente a la costa de Noruega.

Durante todos esos años la vecina de Irene, la señora Soto, había sido la sustituta en el Día de los Abuelos. Irene sabía que la señora Soto estaría feliz de asistir otra vez, pero este año ella deseaba poder ir de la mano de Mormor y cruzar con ella el salón de clases. No obstante, Irene sabía que esto era imposible.

Esa tarde Irene dijo a sus padres:

—Tengo 11 años y casi no conozco a Mormor.

—Hay muchas fotografías —dijo papá—, y hablas con ella por internet.

—Pero habla tan poco español —contestó Irene—, y yo hablo tan poco noruego que no puedo preguntarle las cosas que realmente quiero saber, y ella tampoco puede preguntarme.

Esa noche Irene, acostada de bruces en su cama, pensaba. No esperaba que Mormor estuviera presente físicamente el Día de los Abuelos, pero debía haber otra manera de presentársela a la clase. Si tan solo pudiera saber cómo.

El viernes, Irene salió para la escuela con su lonchera y su bloc de dibujo. Junto con otros estudiantes hizo fila en el parqueadero de la escuela, lista para la salida. La clase estaba emocionada, y el ruido en el autobús parecía el de un enjambre de abejas. Al poco tiempo, el autobús se detuvo frente a la galería de arte.

“Bruegel, el pintor del pueblo” decía la pancarta que colgaba encima de la puerta de la galería. La señora Sánchez ya había explicado que Bruegel vivió hace cuatro siglos. A pesar de que Irene había esperado con ansiedad la exposición, esperaba que las pinturas no fueran muy oscuras y sombrías.

Los niños hicieron fila y entraron a la galería en parejas, comenzaron a observar la exhibición y la recorrieron hasta el final. Lejos de ser oscuras y sombrías, las pinturas rebosaban vida, y entre más cerca miraba Irene, más veía lo que ocurría dentro de ellas.

Primero, vio las pinturas de Bruegel sobre las estaciones.

—Estas se llaman pinturas de visión panorámica —explicó la señora Sánchez—. Cuando fueron pintadas, pocas personas podían leer y escribir. Por eso, las pinturas de Bruegel son un registro histórico de la vida de su época.

La señora Sánchez sonrió mientras conducía a los niños hacia la pared grande de pinturas en el lado opuesto de la galería, y dijo:

—Ahora quiero mostrarles mi preferida.

La pintura se llamaba *Juegos infantiles*, y mostraba una calle llena de personas en un viejo pueblo europeo. El lienzo estaba tan atiborrado de detalles que cada vez que Irene lo miraba veía cosas diferentes. Grupos pequeños de niños que jugaban juegos como taba, pídola, caballito y gallina ciega. Algunos niños se balanceaban en un poste. Otros hacían gimnasia y uno de ellos quedaba convertido en un nudo.

Cautivada, Irene observaba las pinturas. Algunos de los juegos infantiles de la pintura eran similares a los que jugaban hoy los niños, mientras que otros eran completamente diferentes. Irene miraba los vestidos largos que llevaban las niñas y pensaba en lo difícil que debía haber sido jugar con ellos puestos.

Pronto, los otros niños empezaron a ir hacia otras pinturas, pero Irene permaneció pegada a ese lugar durante el resto de la visita. Estaba sorprendida de que pudiera condensarse tanta información en una pintura. También estaba fascinada con la idea de que el pintor había podido transmitir toda esta información significativa sin usar una sola palabra.

Las pinturas de Bruegel le dieron a Irene una idea.

Capítulo 2
La increíble idea de Irene

—Estás callada —dijo Nadine, la amiga de Irene, quien estaba sentada a su lado en el autobús de regreso a la escuela.

—Estoy pensando —respondió Irene.

—Debe ser algo bueno, porque tienes una sonrisa en la cara.

Cuando Irene llegó a casa, su mamá preguntó:

—¿Cómo estuvo tu salida?

—¡Genial! —dijo Irene, y se tomó un vaso de leche con un plátano en tiempo récord. Ella sabía que su mamá quería saber todo lo relacionado con la exposición de arte, pero Irene no podía esperar a desarrollar su idea.

En su alcoba, unió cuatro hojas de papel y alineó sus lápices de colores. En la galería se dio cuenta de que, probablemente, Mormor, quien era noruega, estaba tan decepcionada como ella por no poderse comunicar con su nieta. Bruegel le había mostrado a Irene cómo podía compartir todo tipo de cosas, como la casa en que vive, dónde va a la escuela, qué juega, qué es importante para ella y qué no lo es. Sin embargo, lo mejor que Bruegel le mostró fue que podía compartir esas cosas sin palabras.

Detective del lenguaje **Busca un gentilicio en esta página.**

Primero, Irene miraba la hoja de papel en blanco, sin saber por dónde comenzar. Luego, tomó una libreta de notas y comenzó a hacer una lista.

Al día siguiente, después de llegar de clase de baile a casa, Irene estaba lista para comenzar a dibujar. Puso la lista al lado de la hoja en blanco y tomó un lápiz. Primero, imaginó que era un ave que podía estar volando sobre su ciudad, luego dibujó lo que vería desde arriba.

Dibujó su casa en el centro del papel. Se aseguró de que Mormor supiera cuál era su habitación al dibujar su cara mirando por la ventana. Luego pintó su cabello más rojo y despeinado que de costumbre y se puso sus pecas.

Cuando empezó a dibujar el ciruelo del jardín, Irene se dio cuenta de que tenía un problema. Si pensaba ilustrar lo que le gustaba hacer y los lugares a los que solía ir, la imagen tendría que ser dibujada muchas veces.

"No hay de qué preocuparse, usaré licencia artística", se dijo a sí misma citando la frase que la señora Sánchez usaba con frecuencia.

A Irene le tomó todo el fin de semana y la siguiente semana finalizar el dibujo. Además de ilustrar lo que estaba en su lista, Irene dibujó su conejo, su escuela de baile, la piscina de su amiga Nadine, donde le gustaba estar los fines de semana, y la biblioteca de la localidad.

Tan pronto terminó el dibujo, su papá entró. Miró el dibujo de cerca y luego dijo:

—Es un dibujo increíble, Irene, casi puedo sentir que estoy contigo en esos lugares.

—Es para Mormor —explicó la niña con una sonrisa.

La mamá de Irene entró en la habitación e Irene levantó el dibujo para que ella también pudiera verlo. Su mamá estaba igual de sorprendida y exclamó:

—¡Le encantará! Has puesto muchos detalles en el dibujo.

Capítulo 3
A la espera de una respuesta

Al día siguiente, Irene enrolló su dibujo, lo introdujo en un tubo, y lo llevó a la oficina postal para enviárselo a Mormor. El correo se demora aproximadamente una semana en llegar a Noruega, e Irene esperaba que Mormor llamara cuando recibiera el dibujo.

Al mismo tiempo, su clase estaba preparada para el Día de los Abuelos, que tendría lugar exactamente en diez días. Todos los estudiantes trabajaban en sus proyectos, con los que esperaban comparar sus pasatiempos con los de sus abuelos, o el sustituto. Irene estaba ilusionada con que su mamá le preguntara a Mormor sobre sus pasatiempos. Sin embargo, a medida que el tiempo pasaba y no recibía ninguna llamada, Irene comenzó a trabajar en su proyecto y a interrogar a su mamá.

—¿Cuáles son los pasatiempos de Mormor? —preguntó—. ¿Cómo pueden ser sus ratos libres durante las largas noches del invierno noruego?

—Te mostraré —dijo su mamá, llevándola hacia dos tapices enmarcados que colgaban de la pared. Uno mostraba algunos barcos pesqueros que descargaban arenques en un puerto. En el otro había personas que esquiaban en la nieve entre abetos verdes y altos.

Irene había vivido toda su vida con estos tapices, pero por primera vez los examinó de cerca y, cuando observó con cuidado a los esquiadores, vio penachos de nieve que volaban tras ellos, como en una carrera colina abajo.

—No me había dado cuenta de que Mormor los hizo —dijo Irene, dando un vistazo a las diminutas y complicadas puntadas—. Debieron tomarle mucho tiempo.

—Como muchas mujeres noruegas, tu abuela siempre tiene un tapiz en marcha —le explicó su mamá—. Es una forma de arte en Noruega y cuando veo estos, me imagino a mamá sentada al lado de la chimenea bordando.

Cuando su mamá dijo esto, Irene se dio cuenta de cuán difícil debía ser para su mamá vivir lejos de su propia madre y le dio un abrazo.

Al siguiente día en la escuela, Irene terminó su proyecto. Los trabajos de los demás estudiantes y el de ella fueron expuestos por la señora Sánchez en una mesa grande que puso en el salón de clases.

Luego, dos días antes del Día de los Abuelos, el papá le preguntó a Irene:

—¿Ya invitaste a la señora Soto al Día de los Abuelos?

Irene respondió que todavía no había decidido hacerlo.

—¿No crees que debas hacerlo? —le preguntó su papá.

En lugar de ir a la casa de al lado a invitar a la señora Soto, Irene se dirigió penosamente hacia su habitación. Aún no tenía noticias de Mormor, pero esperaba poder presentarla de alguna manera el Día de los Abuelos. Aunque a Irene le agradaba la señora Soto, había estado imaginando por tanto tiempo lo maravilloso que sería presentar a su abuela real, y ahora pensaba: "Prefiero ir sola al Día de los Abuelos que ir con alguien que no sea Mormor".

Irene estaba tan agitada que sacó una hoja de papel y comenzó a pintar.

Detective del lenguaje	**Busca en esta página una oración en voz pasiva con el verbo auxiliar ser.**

Mientras que el primer dibujo de Irene era alegre, este era la expresión de la tristeza. Mostraba la escuela de Irene y el patio con estudiantes tomados de la mano de sus abuelos. Todos se veían felices, pero Irene se dibujó sola y afligida.

Cuando Irene soltó el lápiz con un suspiro, sonó el timbre. Por un momento pensó que era el teléfono y estaba segura de que sería una llamada de Mormor. Luego, el timbre sonó de nuevo e Irene exclamó en voz alta: "Yo voy".

Se trataba de un repartidor que traía un paquete grande para ella, emocionada firmó y agradeció al mensajero.

—¿Qué es? —preguntó su mamá, quien llegaba a la puerta principal.

—No sé. ¡Pero sé que es muy pesado y viene de Noruega! —dijo Irene mientras su mamá observaba cómo abría el paquete e Irene lo miraba con deleite, dándose cuenta de que su problema estaba resuelto.

Capítulo 4

El Día de los Abuelos

Tarde esa noche, Mormor llamó y le preguntó a la mamá de Irene si el paquete había llegado.

—Sí —dijo mamá—, e Irene está en el cielo.

—¿Qué cielo?

—Es un dicho que tenemos en español.

La mamá de Irene empezó a hablar en noruego para explicar la frase. Le dijo a Mormor que Irene estaba totalmente emocionada, pues ahora conocía a Mormor más que antes.

Mormor contestó en noruego:

—Por favor dile lo mismo. También estoy en el cielo por su dibujo, y conozco mejor a mi nieta. Es una gran coincidencia que estuviéramos trabajando en proyectos similares, aunque diferentes al mismo tiempo.

El intercambio tomó tiempo debido a la traducción, pero cuando la mamá terminó, le pasó el teléfono a Irene. Mormor dijo "gracias" en noruego al mismo tiempo que Irene dijo lo mismo en español, lo que hizo que las dos se rieran.

—Dile a Mormor que la llevaré al Día de los Abuelos —le dijo Irene a su mamá.

El Día de los Abuelos, la señora Sánchez les dio la bienvenida a los abuelos y los estudiantes presentaron a sus invitados, uno por uno. Irene esperó a que todos fueran presentados y levantó la mano.

—Ahora quisiera presentar a mi abuela —dijo—, pero primero necesito un caballete.

Cuando el caballete estuvo listo, Irene puso el regalo de Mormor sobre él y dejó que la audiencia le diera una atenta mirada. Un murmullo emocionado que se escuchaba como un arroyo burbujeante corrió por el salón.

—Mi abuela vive en Noruega —comenzó Irene—. La llamo Mormor, que en noruego significa la mamá de mi mamá. No puede estar aquí en persona, así que envió esto en su lugar. Sin embargo, para aquellos de ustedes que no pueden ver los detalles, quisiera explicar lo que este tapiz me dice sobre mi abuela.

La audiencia escuchaba mientras Irene continuaba:

—Esta es su casa, el techo es empinado para que la nieve pueda resbalar. Y aquí está su gato blanco, Snofnugg, que en noruego significa "copo de nieve".

Uno por uno, Irene señaló los detalles del tapiz, y para cuando terminó estaba segura de que sus compañeros de clase conocían a Mormor casi tan bien como ella. Ellos conocían el lugar silvestre en donde Mormor recolectaba arándanos rojos para preparar mermelada y sabían de las casas flotantes con sus techos de hierba. Conocían la importancia de los barcos pesqueros amarrados al muelle. Podían ver los picos empinados de las montañas que Mormor observaba desde su ventana y el enorme puente en forma de arco que unía la isla de Mormor con la tierra firme, de manera que ya no tenía que cruzar por ferry.

—Esperen, casi se me olvida —dijo Irene—. ¿Ven este pequeño barco vikingo a la derecha? Esto me dice que ella está orgullosa de su ascendencia escandinava, tal como lo estoy yo.

Cuando los invitados se fueron, la señora Sánchez dijo:

—El tapiz de tu abuela me recuerda las pinturas de Bruegel.

Irene estuvo tentada de contarle a su maestra sobre el dibujo que le envió a Mormor, pero sonrió y asintió.

—¿Cómo te fue? —preguntó su mamá cuando recogió a Irene en la escuela.

—Pienso que a todos les gustó conocer a Mormor a través de su tapiz —dijo Irene.

En casa, Irene colgó el tapiz de Mormor en la pared de su alcoba. Se quedó observándolo un rato. Cada vez que lo miraba descubría cosas nuevas.

"Ese es un frailecillo", pensó, mientras examinaba la divertida ave posada a un lado del acantilado. "La exploración del tapiz de Mormor es como abrir un baúl con un tesoro".

Al alejarse del tapiz, Irene vio su dibujo más reciente en su escritorio. Tomó sus lápices y dibujó a Mormor a su lado, sosteniendo su mano. Luego, borró su expresión triste y la reemplazó con una sonrisa alegre.

—Así está mucho mejor —dijo sonriendo.

Respuesta a la lectura

Resumir

Usa detalles importantes de *Cada pintura cuenta una historia* para resumir el cuento. Puedes usar el organizador gráfico como ayuda.

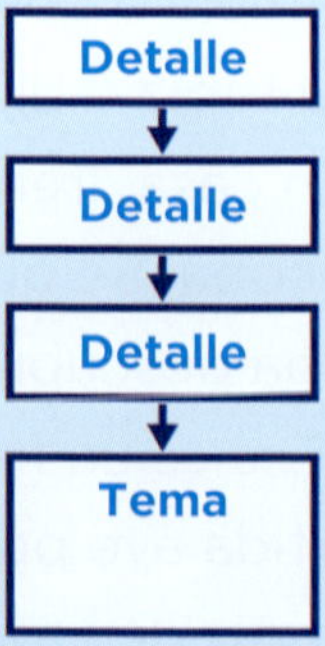

Evidencia en el texto

1. ¿Cómo sabes que este cuento es ficción realista? Identifica dos características que te lo indiquen. **GÉNERO**

2. ¿Por qué Irene decidió hacer un dibujo para su abuela en lugar de escribirle una carta? ¿Cómo sustenta el dibujo el tema del cuento? **TEMA**

3. En la página 2, ¿qué significa la expresión "una ola de entusiasmo"? ¿Por qué es una metáfora? **SÍMIL Y METÁFORA**

4. Escribe acerca de las imágenes que Mormor decide incluir en el tapiz que le envía a Irene. ¿Cómo sustenta la elección de estas imágenes el tema del cuento? **ESCRIBIR SOBRE LA LECTURA**

Género Poesía

Compara los textos

Lee acerca de cómo se expresan algunas ideas.

Canción al tren

Martha Isabel Millán (poeta colombiana)

Resonando en la pradera
va corriendo por el riel
tan veloz como un corcel,
con sonidos que libera,
cual música de cascabel.

Illustration: María Mola

Ya viene, se acerca.
El ruido de matraca lo delata.
Se ven desde la cerca
los vagones de hojalata.

Los paisajes de verdes pinos
atestiguan sus caminos.
Su humo blanco va escribiendo
en el cielo: "voy corriendo".

En la casa cerca al puente,
el perrito ya se alista
y se pone al pendiente
con su hocico a la vista.

Illustration: María Mola

Retumba sobre el puente.
Se siente el vaivén de los metales,
en el balcón vigilante,
se agitan los ventanales.

El chico en bicicleta
oye el trepidar furioso
y la vaca regordeta
mira hacia el tren ruidoso.

Veloz, ¡allá va a lo lejos!
y escribe en el cielo:
"ya nos veremos".

Oda al perro
(fragmento)

Pablo Neruda (poeta chileno)

Al campo pleno vamos
hombre y perro.
Brillan las hojas como
si alguien
las hubiera besado
una por una,
suben del suelo
todas la naranjas
a establecer
pequeños planetarios
en árboles redondos
como la noche, y verdes,
y perro y hombre vamos
oliendo el mundo, sacudiendo el trébol
por el campo de Chile,
entre los dedos claros de setiembre.

El perro se detiene,

persigue las abejas,

salta al agua intranquila,

escucha lejanísimos

ladridos,

[...]

y me trae la punta de su hocico,

a mí, como un regalo.

Haz conexiones

En el poema “Canción al tren”, ¿qué se expresa? ¿Cómo se expresa? **PREGUNTA ESENCIAL**

¿Qué tienen en común Irene de *Cada pintura cuenta una historia* y el hombre de “Oda al perro”? **EL TEXTO Y OTROS TEXTOS**

Enfoque:
Elementos literarios

Aliteración La aliteración es la repetición del mismo sonido consonántico en dos o más palabras cercanas. Con frecuencia, los poetas usan la aliteración para darle musicalidad a las palabras o los versos del poema.

Lee y descubre En "Canción al tren", el poeta usa la aliteración. En el primer y segundo versos de la primera estrofa, el poeta emplea varias palabras que tienen el sonido "r": "resonando", "pradera", "corriendo" y "riel". La aliteración aporta musicalidad al poema.

Tu turno

Escribe un poema usando aliteraciones. Primero, haz una lista de cinco o seis cosas de tu vida cotidiana que quisieras compartir con tus abuelos o con otros familiares. Luego, escribe frases o versos que describan o expresen lo que sientes en relación con esas cosas, usando la aliteración. Por ejemplo, "luminoso lugar" o "para papá, las papas". Lee todos los versos en voz alta y realiza cambios si es necesario darle mayor fluidez y musicalidad al poema. Declama el poema a un compañero o una compañera. ¿Tus palabras expresan algunas ideas importantes para ti?